音楽物語

わたし、ピアノ すきかも♪

文・曲

轟 千尋

絵

たかきみや

ピアノのレッスンから帰ってきたミミは、
キッチンに入るなり、上着もぬがずに テーブルにつっぷしています。

「あらあら、どうしたの？」
ママが たずねました。
「ものすごく練習したのに、マル、ひとつも もらえなかった……」
「先生に注意されたこと、ちゃんと守らなかったんじゃないの？」
「ミミ、がんばったもん。もう！ピアノなんて大きらい！」
そう言いすてると、自分の部屋に とじこもってしまいました。

その日からミミは、ピアノにさわろうとしませんでした。

次のレッスンまで、あと2日。
（はぁ〜……さすがに練習しないとまずいなぁ）

ミミがしぶしぶレッスンバッグの中から楽譜を取り出そうとした、そのとき、
バッグの中に ふうとうが入っていることに気づきました。
表にも うらにも、何も書いてありません。

「ピアノの先生、手紙なんてくれたっけ……」
中には1通の手紙と、
1まいの楽譜が入っていました。

ミミ へ

はじめまして。わたしは 森に住む作曲家です。

わたしは さんぽをしながら、いろいろな音を聞くのが 大すきでね。
鳥の声や風の音、
それから 家の中から 聞こえてくる 楽器の音にも、
よく耳をすましているんだ。

だから、ちゃんと知ってるよ。
ミミが 先週、ものすごく がんばって 練習していたことも。
ところが、今週は ミミの ひくピアノの音が
いっこうに 聞こえてこないから、
「どうしたんだろう」と 気になってね。
ピアノを ひきたく なくなったのかい?

手紙と いっしょに 入れた楽譜は、わたしが 作った曲なんだ。
ミミへの プレゼントだよ。

森の作曲家 より

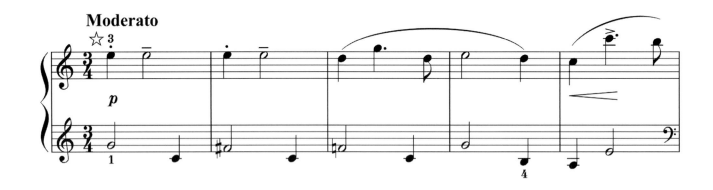

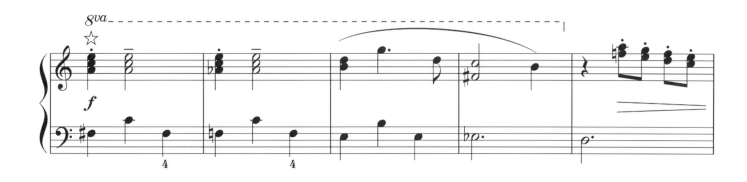
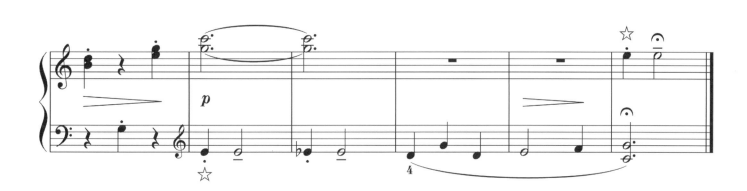

「曲のプレゼントなんて、はじめて……。
　どっちかっていうと、シールかアクセサリーがよかったんだけどな〜」
そう言いながらも、ミミは右手だけ ひいてみることにしました。

ミ・ミ　ー
ミ・ミ　ー
レ　ソ　ー　レ
ミ　ー　　レ・・・・・

p

piano

ミミは、見たことのない森の入り口にいました。
手に、作曲家さんからプレゼントされた楽譜だけを持って……。

ミミは、どこからか かすかにピアノの音が聞こえてくることに気づきました。
そして、その音に引きよせられるように、
森のおくへと進んで行きました。

木のトンネルをぬけると、
せたけの高い花にかこまれた、
おしろのような家が見えました。
そっと近づいてまどから中をのぞいてみると、
しろネコさんが目をとじて、ピアノをひいていました。

「あのー、こんにちは……」

ピアノの音が止まり、
しろネコさんが少しだけ目をあけて、
ミミのほうをチラリと見ました。
そして「どうぞ、中へお入りになって」
ときれいな声で言うと、
今度はピアノをひきながら聞きました。

「さいきん、ピアノをひいていないそうね。
どうなさったの？」
「がんばって練習したのに、
マルをもらえなかったから、
なんか いやになっちゃって……」
「そういうことなのね」

「ところで、ミミさんはピアノをひくとき、
　どんなことを思ったり考えたりするのかしら？」
「ここ、むずかしいなぁ～とか、あと1回ひいたら遊びに行こっとか……」
「ほかには？」
「……」

しろネコさんは、ゆっくり、しずかに話し始めました。
「ミミさんも、お手紙や日記を書いたこと、あるわよね？」
「うん、何回もある」

「曲って、作曲家さんが書いたお手紙とか日記みたいなものだと思うの。
　ありがとうっていう気持ちを つたえたくて お手紙を書いたり、
　お花を見て、なんてきれいなんでしょうって 感動したときのことを日記に書いたり……」

「ミミさんが手に持っているのって、

作曲家さんからプレゼントされた楽譜よね？」

「えっ、しろネコさん、作曲家さんのこと、知ってるの？」

「もちろん！　大切なお友だちですもの。

『ぼくは、ミミのために曲を作るんだ』って、

それはもう、はりきっていらしたのよ」

「ミミのために？

じゃあ、森の作曲家さん、ミミに何か つたえたかったってこと？」

「そうだと思うわ。

この1小節めに書いてある p にも、

作曲家さんは何か思いをこめたはずよ」

「……」

「わたしは、作曲家さんが つたえたかったことをそうぞうするのが、

とってもすきなの。

どうして、ここに作曲家さんは p って書いたのかしら、

どんな音で ひいてほしかったのかしらって。

たとえば・・・」

15

遠くのほうから音が聞こえてくるような感じ・・・

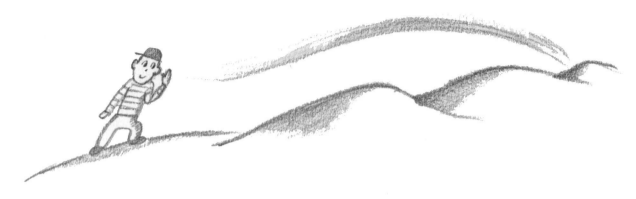

赤ちゃんが
すやすやねむっているような感じ・・・

さびしい感じ・・・

悲しい感じ・・・

ないしょ話を
しているような
感じ・・・

とても細くて、
今にも
おれてしまいそうな感じ・・・

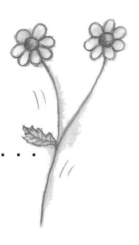

やさしく なでるような感じ・・・

冬の夜明けの、
ひんやりした空気みたいな感じ・・・

夜空をてらす月のような感じ・・・

木の かげにかくれて
息をひそめているような感じ・・・

チョウが
羽化するときのような
感じ・・・

「それ、全部 *p* って記号からそうぞうしたこと？」

「そうよ。まだまだあるわ」

「まだまだ！？
p は弱くって習ったから、
弱い音でひけばいいんだって思ってた……」

「あらまぁ、それはもったいないこと」

「だってミミは、楽譜に書いてある *p* を見ただけじゃ、しろネコさんのようには わかんない。
作曲家さんに聞かなきゃ、わかんないもん」

「そうよねぇ……。
わたしのお友だちの クマさんなら、何かヒントをくれると思うわ。
この家を出て左へ行くと、大きな丸太小屋があるから、そこをたずねてみてはどうかしら？」

「ほんと？ ミミ、行ってみる！ しろネコさん、いろいろ教えてくれて、どうもありがとう」

小道をしばらく進んでいくと、丸太小屋があらわれました。
えんとつから、白いけむりがもくもくと立ちのぼっています。

「こんにちはー」

「ひょっとしてミミ？」

大きな ぬいぐるみみたいな クマさんが 急いでドアをあけてくれました。
一歩入ると、あまくてこうばしいにおいが部屋いっぱいにただよっています。
ミミは、いいにおいに半分気を取られながら、今までのことを話しました。

「じゃあ、今度は ぼくといっしょに、
　f の話をしようか。
　作曲家さんからプレゼントされた楽譜、
　ぼくにも 見せてよ」
ミミは、クマさんの大きな手の上に
楽譜をのせました。

「ふむふむ、ここに f が 書いてあるね。
　f には どういう意味が こめられているか、
　ミミは 知ってる？」
「うん、知ってる！
　大きな音で、元気いっぱい ひく
　っていう意味」
「そうそう。
　でも、p っていう記号にも
　いろいろあったように……」
「……f にも、いろんな f があるの？」
「その通り！
　これから ぼくが
　いろんな f をひいてみるから、
　よーく 聞いててよ。 たとえば・・・」

ミミみたいに 元気な感じ・・・

ぼくみたいに 重たい感じ・・・

海のように 広い感じ・・・

木々の間から
いっせいに 光が
さしこんできたみたいな 感じ・・・

「じつは、毎回ちょっとずつひき方を変えてみたんだ。
　この部分の感じは、これかな？
　いや、こっちかな？ ってえらんでいるとき、
　ぼくは、とってもワクワクする！
　おかしをえらぶときとおんなじぐらいね！」
「おかしと、おんなじ？」

そのとき、ミミのおなかが
ぐーっとなりました。

「おっと、わすれてた。
　ミミのために、
　はちみつ入りのクッキーを作ったんだ。
　ちょうどやきあがるころだ。
　いっしょに食べようよ」

ミミは、待ってましたとばかりに
大きくうなずきました。

スタッカート
staccato

クマさんとさようならをしたミミは、さらに森のおくへと進んでいきました。

しばらくすると、言いあらそう声が聞こえてきました。
「ぼくが先に見つけたんだ!」
「お兄ちゃんのうそつき! ぜったい、ぼくのほうが先!」
大きな切りかぶの上で、2ひきのリスがとっくみあいをしています。
どうやら、どちらが先におやつのくるみを見つけたかで、
兄弟げんかをしているようです。
けんかを止めようとあわてたミミは、
木の根っこにつまずいてころんでしまいました。

「だ、だいじょうぶ！?」
リスの兄弟は、
切りかぶからひょいっととびおりて、
うずくまるミミのそばにかけよりました。

「もしかして、きみってミミ？」

「ピアノの練習をさぼっちゃってるミミ？」

「さぼってるんじゃないもん！
ちょっといやになっちゃっただけ！……あいたたた……」
ミミは、左足を少し引きずりながら、もと来た道をもどろうとしました。

「ちょ、ちょっと待ってよ！
森の作曲家さんが、ミミの家からピアノの音がしないって言うから
てっきりさぼっているんだと思ったのさ。ごめんごめん。
きげんをなおして、作曲家さんの楽譜を、ぼくたちにも見せて」

楽譜をじっとながめたあと、兄弟は目を合わせてひとつうなずくと、
「切りかぶの上にすわってて！」と言ったまま、どこかへ行ってしまいました。

しばらくすると、リスの兄弟が なかまたちといっしょに もどってきました。
カッタンコットン カッタンコットン 手おし車に楽器をつんで……。

お兄さんリスが言います。
「ミミ！ よーく聞いてて!!
今から、ぼくたちがこの楽器でスタッカートを えんそうしてみるから。
まずはこれ！」

　　　こここ　ころろん　こん　ころろん

「わーっ！ かわいい音!! ミミ、その楽器、知ってる！ 木きんでしょ？
学校の音楽室にあるもん」

「じゃあ、今度はこれ！」

　　　ぽぽぽぽ　ぽろろん　ぽん　ぽろろん

「さっきより やわらかい音になった。ミミは、こっちのほうが すきかも」
「さっきは、バチの たたくところが木だったけど、こっちは毛糸のたまだからさ、ほら！」
　弟リスが 得意げに バチを 見せてくれます。

「お次は、ピアノで 木きんの音を まねっこするよ！」
兄弟は、ピアノが おいてある場所へ、ミミを 案内してくれました。

「まずは、ミの音だけで 実験しよう！ ミミの、ミ！」
とお兄さんリスが言うと、
「毛糸のたまのバチで木きんをたたいたときのスタッカート。
　あの音をピアノでやってみようよ」
と弟リスが ていあんしました。

「え〜、どうやってひくの？
　スタッカートは、こんなふうに はずんで、短く、切ってひくんだよね」

ミッ・ミッ・ミッ・ミッ

弟リスが、首を かしげます。
「今のだと、木のバチでたたいたときみたいな、カリッとした音に聞こえるなぁ」
「だったら、指先が毛糸の たまみたいになるように、
　指先のやわらかいところでひいてみたらどう？」
指のはらを見せながらお兄さんリスが ていあんしました。
ミミは言われたとおり、指のはらで ひいてみました。

「うわぁ～！
毛糸のたまのバチみたいな
やわらかい音だぁ～！
実験、大せいこう！」

（わたしも、しろネコさんや クマさんみたいに、
いろんな ひき方、できるようになるかも！）

ミミは、なんだかうれしくなりました。

ミミとリスの兄弟は、
いろいろなスタッカートの音をそうぞうしては、
ピアノでそれらとそっくりな音を出す実験を
くり返しました。

雨のしずくが ぽたぽた 落ちる感じ・・・

絵の具が ぽたりぽたりたれる感じ・・・

ピンポンだまが
はねる感じ・・・

大きなビーチボールが はずむ感じ・・・

くるみが われたときの
カリっていう音みたいな感じ・・・

ほうちょうでトントントントンって
切っているときの
音みたいな感じ・・・

「すっごく楽しかった！」
「だから ぼくたちは、スタッカートの小さな点ひとつだって、見のがしたくないのさ」
そう言いながら、お兄さんリスは 切りかぶに とび乗りました。
そのはずみで、にぎりしめていたくるみが地面に落ちて、実が きれいに２つに われました。
「いい音！　なんか、おいしそうな スタッカートだったね！」
ミミとリスの兄弟は、おかしそうに わらいました。

「今日は ありがとう！」

歩き出したミミがふり返ると、
半分にわれたくるみをわけあって、
なかよく ほおばる
兄弟のすがたが見えました。

アクセント
accento

森に来たとき、遠くに見えていた はい色の雲は、
どこかへ行ってしまったようです。

　　　ふと、キラキラ光るものが 目に入りました。
　「きれい！　なんだろう？」
　近くまで行ってみると、
　　湖の水面が、おひさまの光で かがやいています。
　ミミは、あまりの美しさに、しばらく見とれてしまいました。

　　　　そのときです。
　　　小さな小さな女の子が、
　　ひらひらと近づいてきました。
　　首もとで何かが光っています。
　　目をこらすと、それは うすむらさき色の石の首かざりでした。

「こんにちは、ミミさん」

「まぁ、かわいい ようせいさん。あなたも作曲家さんのお友だち？」

「はい。作曲家さんから、ミミさんにプレゼントした楽譜の中に、

　あるものを かくした、というお話も聞きました……」

やっと聞き取れるぐらいの小さな声で そう言うと、

コスモスの花の後ろに かくれてしまいました。

「楽譜の中に？」

ミミは、楽譜を ふってみたり、こすってみたりしました。

ようせいさんは、今度はリンドウの葉っぱから顔をのぞかせて言いました。

「ミミさんは、アクセントの記号には、どんな意味がこめられていると思いますか？」

「アクセントがついているときは、その音だけ強くひくって習ったけど……」

ようせいさんは、またひらひらとんで、どこかへ 行ってしまいました。

（そうか。強くっていっても、いろんな強さがあって、いろんな感じがあるんだ、きっと……）

「ミミさんは、もうわかったみたいですね」

ようせいさんは、どこからか また すがたをあらわすと、

自分の首かざりを指さしながら言いました。

「これを よく見ていてください。

光のあたり方によって、キラッとしたり、光が ゆらゆらゆれて見えたり、

ほら、色もかわって見えたりしませんか？

わたしは、アクセント記号を見つけると、

どんなふうに光らせようか、いつも考えるんです」

そう言いながら、

ようせいさんは ミミのかたに とび乗ると、

まるでピアノを ひくように、

ミミのほおの上で 指を動かしながら話をつづけました。

「まぶしい光のときは、こんなふうに、

やわらかい光のときは、こんな感じで……」

ようせいさんは、ミミのほおを いろいろな強さで つっついたり、おしたり、

ときには そっとひっかいたりしました。

ようせいさんの指の動きが止まったので、ミミは目をあけました。
ミミは自分の家のキッチンにいました。

（わたしも、いろんな音を出したい！）

れいぞうこのぎゅうにゅうをコップいっぱい一気に飲みほすと、
ミミはすぐにピアノに向かいました。
ミミの心は、期待でいっぱいだったのです。
「しろネコさんの音、こんな感じだったかなぁ」
リスの兄弟といっしょにやったように、
いろいろな音をそうぞうしながら、ミの音だけで何度も実験してみました。
ところが、いざやってみると、なかなかうまくいきません。

ミミは自分の部屋にかけこみ、ベッドに顔をうずめ、心の中でさけびました。
（ぜんぜんちがう！ やっぱりミミにはできない！）

そして、とうとうなき出してしまいました。

どれくらい時間がたったでしょう。
顔をあげると、
ゆかに落ちている1まいのふうとうが目に入りました。

ミミ へ

ミミは森で、わたしの なかまたちに 会ったそうだね。
みな音楽が 大すきだっただろう？

がんばり屋さんのミミだから、
ひょっとして、なかまたちのように ひけないことが悲しくて、
落ちこんでやしないだろうか……。気になって、手紙を書いてしまったよ。
もし、そうだとしても、それは、とてもすごいことなんだ。
こんな音がほしいと思って、ミミは、ためしてみた。
そして、聞こえてきた音が、自分のもとめている音とは
どこか ちがうことに気づいた。
それはミミの聞く力が、進歩したということなんだ！

しろネコさんや クマさんだって、さいしょはミミと同じように、
うまくできなかったそうだよ。
だから、ミミも あきらめずに 実験をくり返してほしい。
かならず「これだ！」と思う音が出せる日が来るから！

ところで、わたしが曲の中に かくしたもの、見つけてくれたかな？

　　　　ヒント：☆ のついているところに かくれているよ。

森の作曲家 より

ミミは、ヒントにあった☆を
楽譜(がくふ)からさがして、
しるしをつけてみることにしました。

「えっと、1つめの☆は、ミ・ミー ミ・ミー……
　　　　2つめの☆は、ミ・ミー ミ・ミー……
　　　　3つめの☆は、ミ・ミー ミ・ミー……

　　　　ミ・ミ……これって！ わたしの名前(なまえ)…… !! 」

ミミは、いろいろな ひき方をためしては、
そのときに気づいたことや感じたことなどを
楽譜に書きこみながら練習しています。

これまでは、1、2回通しておしまい、
といった練習しかしなかったミミが、
今は、4小節ずつ区切ったり、
ときには1小節だけ取り出したりしながら、
「これだ！」と思う音が出るまで
何度も何度もひいています。

今日も、さいごの☆のところまで来ました。

「作曲家さんが、ミミに会いたいよーって言ってるのかなぁ……」

ミ・ミ・・・・……

「……ここ……」

ミミは、あの森の入り口に立っていました。

風がす一っと大きな木々の間を通りぬけたとき、

葉っぱがざわざわする音にまじって、ピアノの音が聞こえました。

「この曲……！」

そう、森の作曲家さんがミミのために作ってくれた曲です。

「作曲家さんがミミの名前を やさしくよんでくれてるみたい……。

 スタッカートは、すごくつやつやしているし、

 あそこのアクセントは、なんか光ってて、

 でも、キラキラって感じじゃなくて……ピカッでもなくて、

 もわ～ん、ぼわ～んって感じ……

 そうだ！　ろうそくの光みたい……。

 このƒは、まるで大きな大きな ふうせん……」

さいごの音は、

水底が見えるほどにすき通った小川をながめているときのように、

心がきれいになる音でした。

53

気がつくと、ミミはふしぎな形の家の前で立ちすくんでいました。

「やぁ、よく来たね」

ドアがあいて、

まっ白いかみとまっ白いおひげの おじいさんが

にこにこしながら あらわれました。

家の中に入ると、

木の丸いテーブルの上に 五線紙がつまれていて、

かべの本だなは、

天じょうまで びっしりと楽譜でうめつくされていました。

「あなたが森の作曲家さん……？」

「そうだよ。とつぜん手紙がとどいて、

　おどろかせてしまったかい？」

ミミは小さくうなずくと、そのまま だまってしまいました。

言いたいことや 聞きたいことがありすぎて、

何から話していいか、わからなくなってしまったのです。

作曲家さんは、そんなミミの手を そっと取ると、ピアノの前まで つれていってくれました。

「さぁ、さっそく聞かせておくれ。ミミの曲を」

ミミは小さくしんこきゅうをしてから、自分が出したいさいしょの音をそうぞうしてみました。

そして、けんばんに指を下ろしました。

まるで大事な たからものに ふれるように、いとおしそうに、そっと、そっと……。

ミミは、さいごの音をひき終えると、
けんばんからゆっくりと手をはなしました。

シーンとしずまりかえる部屋。
ミミが顔を上げたしゅんかん、
まどの外からはくしゅの音が……。

作曲家さんは、ミミをやさしくハグしながら言いました。
「ミミは、わたしの思いを受け止めようと、
　毎日、この曲とじっくり向き合ってくれたんだね。
　今日、ミミがえんそうしたことで、
　ようやくこの曲に命がふきこまれた。
　世界でたったひとつのミミの曲が、
　今、かんせいしたよ。
　ありがとう、ミミ」

ミミは、作曲家さんのむねに顔をうずめたまま
言いました。

「ありがとう、作曲家さん・・・・……」

目をあけると、そこは自分の部屋でした。

ミミの顔やうでには、作曲家さんの ぬくもりが、まだはっきりとのこっています。

「ミミったら、何 ぼーっとつっ立ってるの。さ、おやつの時間よ。
　ミミの すきな ぶどうのタルトを作ったから」
あけっぱなしのドアの向こうからママの声がしました。

ミミは急いで ピアノの部屋に行きました。
ミミの曲の楽譜は、ちゃんとピアノの譜面台にありました。
リスの兄弟の前でつまずいたときにできた、左ひざの かすりきずも。

（ほら、やっぱり、ゆめじゃない！）

また いつでも 遊びにおいで。
いろんな音楽を聞きながら、いろんな話を しようじゃないか。

この森のことは、だれにも ないしょだよ。

あとがき

　作曲家は、自分の気持ちやアイディア、心にのこった風景や場面などを、音楽にして表現します。そしてそれを人につたえるために、一つ一つこだわって、そして心をこめて、楽譜を書きます。つたえたいことは山ほどあるのに、作曲家が楽譜に書けるのは、音符や記号だけ。音にこめた思いや、音の細かい表情などのすべてを書くことはできません。ですが、目には見えなくても、メロディの動きや和音のひびき、リズムの使い方など、いろいろな方法でそれらをめいっぱい表現しています。あとは、楽譜を読む人が気づいてくれることを信じて、バトンを渡します。

　そこから先は、みなさんの力がひつようです。作曲家が楽譜に書けなかった気持ち、音の表情、間合い、さらには音の手ざわりやかおりなどを、あれこれ推理してほしいのです。想像したり、実験したり、先生やお友だちに相談したりして、さいごには、あなただけの答えを見つけてください。そして、そのあなたの考えたアイディアを、自信を持って、家族、先生、お友だちに、どんどん話して、そしてそれを、音にしてみんなに届けてほしいのです！

　練習がいやになっちゃっていたミミは、楽譜から作曲家が考えたことを推理するなんて知りませんでしたから、音の長さ・高さ・強さ・速さくらいしか、楽譜から読みとっていなかったでしょう。実は、作曲家である私も、そうでした。ところが、ミミと同じように、作曲家が楽譜に書ききれなかった大切なメッセージがあることに気づいてからは、それらをすごく知りたくなって、自分の力で考えたり、想像したり、実験したり、調べたりする時間がとても楽しくなっていったのです。考えて、なやんで、まよって……それがまるでクイズをといているみたいで！

　そうこうするうちに、「これだ、こうやってひこう！　きっとこれが答えにちがいない！」とひらめく瞬間がやってきます。それが正しいのかどうかは、だれにもわかりません。それでも、練習がどんどんおもしろくなって、ますますピアノがすきになっていきました。上手にもなりました。

　ミミはきっとこれから、楽譜の中のいろんなことが気になって、やってみたいことや知りたいことがぐんぐんふえていくでしょう。きっと、あなたもそうなっていくはず。楽譜の中には、ステキなことがたくさんかくれています。それを、あなたがミミのように、自分の力でさがし、考えていいんだということ。それをつたえたくて、私はこの物語を書くことにしました。

　むちゅうになってきたミミは、次のヒントをもとめ、ふたたび森へ行こうとするかもしれません。ひょっとすると今度は、森ではないところにワープしてしまうかも……。そのときはぜひ、またミミといっしょに出かけましょう！

轟　千尋

轟 千尋（とどろき・ちひろ）

作曲家。東京藝術大学音楽学部作曲科卒業、同大学院修士課程修了。
これまでに多くの作品が、広上淳一(Cond.)徳永二男(Vn.)仲道郁代、三舩優子(Pf.)米良美一(Vo.)福川伸陽(Hn.)各氏などの一流演奏家や、神奈川フィルハーモニー管弦楽団、兵庫芸術文化センター管弦楽団などのプロオーケストラに演奏されている。また、CDや子どものための曲集など出版物も多数。近作に『星降る町の小さな風景 ―ピアノのための28の小品―』『《ねこふんじゃった》即興曲』『チョップスティック奇想曲』『きらきらピアノ』シリーズ（全音楽譜出版社）、『きせつのものがたり』『ぴあのでものがたり』（音楽之友社）ほか、著書に『いちばん親切な楽譜の読み方』『いちばん親切な楽典入門』（新星出版社）。
http://www.todorokichihiro.com

たかきみや

書籍、広告等、絵の仕事を本業としつつ、テキスタイルのアトリエ「み」も主宰しております。絵やデザインの範囲は、子どもたちのためのかわゆいものから、地方文化、伝統芸能など、興味の赴くままにやっております。画材は鉛筆、ペン、絵の具、切り絵、貼り絵、これまた自由にやっております。
大阪府出身、東京も長く、現在は宮城県在住。
atelier-mi.com

●●●●● お話の主人公　ミミ ●●●●●

8さい（小学3年生）。
すきな食べ物：ぶどう、アイスクリーム
きらいな食べ物：ピーマン
たからもの：夏休みに、おじいちゃんとおばあちゃんが海へつれていってくれたときに拾った貝がら

ちょっとあわてんぼう。
だけど、おもしろいものを見つけるのは得意！

おんがくものがたり
音楽物語
わたし、ピアノすきかも

2019 年 9 月 30 日　第 1 刷発行
2023 年 10 月 31 日　第 6 刷発行

文・曲　轟　千尋
絵　たかきみや
発行者　時枝　正
発行所　株式会社音楽之友社
〒 162-8716　東京都新宿区神楽坂 6-30
電話 03（3235）2111（代）
振替 00170-4-196250
https://www.ongakunotomo.co.jp/

装丁：サトウデザイン室（佐藤朝洋）
印刷・製本：株式会社平河工業社

落丁本・乱丁本はお取り替えいたします。

Printed in Japan
ISBN978-4-276-14806-2 C1073

本書の全部または一部のコピー、スキャン、デジタル化等の無断複製は
著作権法上での例外を除き禁じられています。
また、購入者以外の代行業者等、第三者による本書のスキャンやデジタル化は、
たとえ個人や家庭内での利用であっても著作権法上認められておりません。

ⓒ 2019 by Chihiro Todoroki, Miya Takaki

6、7 ページ掲載曲：《手紙》（轟 千尋 作曲）